QUESTIONS - RÉPONSES
6/9 ANS

LA MONTAGNE

NATHAN

Édition originale parue sous le titre
Mountains Have Snow on Top
Première édition : Kingfisher 2001
© 2001 Kingfisher plc, Londres
Auteur : Jackie Gaff

Édition française :
© 2001 Éditions Nathan/HER, Paris, France

Responsable éditoriale : Véronique Herbold
avec la collaboration de Nicole Valentin
Traduction : Agnès Pozzi
Conseiller : Stephan Houdier,
Maître de conférences
Université Joseph Fourier (UJF) Grenoble
Lecture-correction : Yolaine de Montlivault
Réalisation : Nicole Valentin

Illustrations : (h = haut ; b = bas)
James Field (SGA) 20h, 22–23, 24h ;
Mike Lacey (SGA) 4, 8–9, 20b, 21h, 23b,
24–25, 26–27, 28b, 29, 30 ;
Sean Milne 18–19 ; Liz Sawyer (SGA) 16–17, 19b ;
Stephen Sweet (SGA) 6–7, 8h ;
Mike Taylor (SGA) 12–13 ;
Ross Walton (SGA) 5, 10–11, 14–15,
28–29, 30–31 ; Peter Wilkes (SGA)
pour les dessins humoristiques.

N° d'éditeur 10081698
ISBN 2-09-278101-4
Dépôt légal : mars 2001
Imprimé en Chine

SOMMAIRE

Existe-t-il des montagnes partout ?

Il y a des montagnes sur tous les continents, même en Antarctique ; certaines sont vieilles, d'autres jeunes. Elles ont des formes et des tailles variées. La hauteur d'une montagne par rapport au niveau de la mer est appelée altitude. Plus on monte, plus il fait froid et plus on respire difficilement.

● Une taupinière est une montagne miniature qui se form avec la terre que les taupes enlèvent pour creuser leurs galeries.

● Les montagnes occupent environ un quart de la surface des continents.

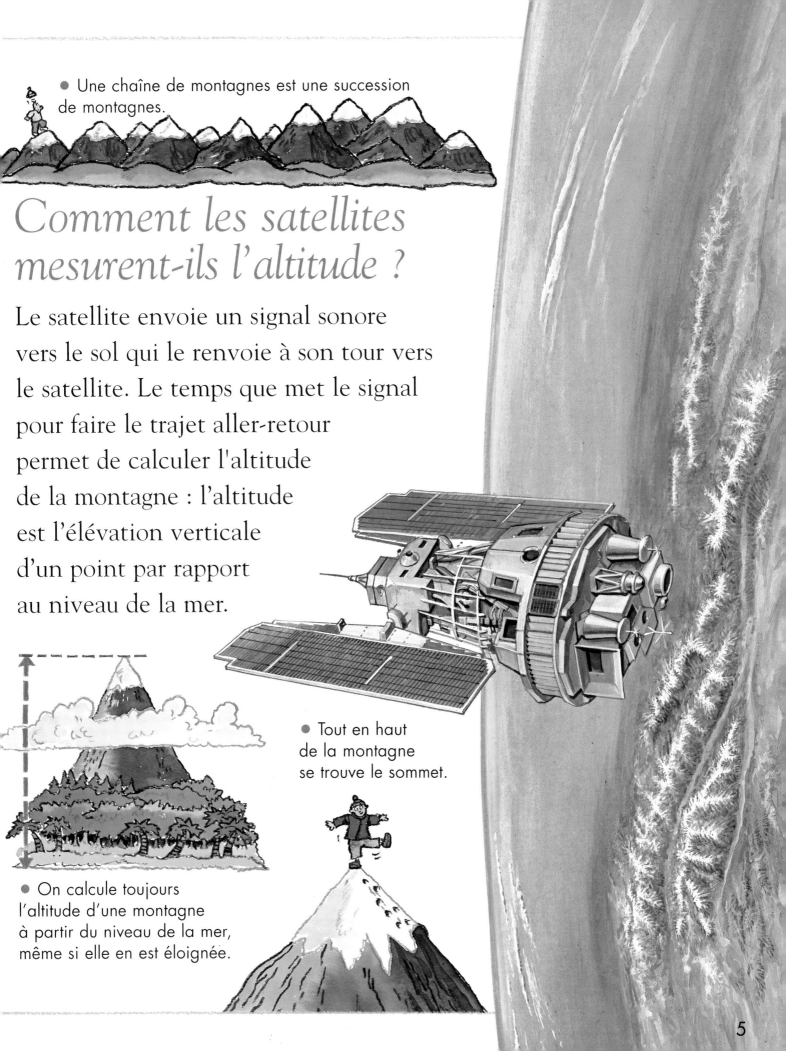

● Une chaîne de montagnes est une succession de montagnes.

Comment les satellites mesurent-ils l'altitude ?

Le satellite envoie un signal sonore vers le sol qui le renvoie à son tour vers le satellite. Le temps que met le signal pour faire le trajet aller-retour permet de calculer l'altitude de la montagne : l'altitude est l'élévation verticale d'un point par rapport au niveau de la mer.

● Tout en haut de la montagne se trouve le sommet.

● On calcule toujours l'altitude d'une montagne à partir du niveau de la mer, même si elle en est éloignée.

Quelle est la plus haute montagne du monde ?

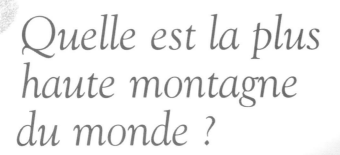

La plus haute montagne est le mont Everest, dans la chaîne de l'Himalaya en Asie. Il atteint 8 846 mètres de haut.

C'est le « toit du monde » !

● Le volcan Mauna Kea, dans l'océan Pacifique, est plus grand que l'Everest : haut de 10 000 mètres, il se dresse à 4 000 mètres, mais prend naissance à 6 000 mètres en dessous de la mer !

● En Amérique du Sud, la cordillère des Andes a la forme d'une guirlande étirée sur plus de 8 000 kilomètres, de la Colombie jusqu'en Terre de Feu.

Alaska range

Montagnes Rocheuses

AMÉRIQUE DU NORD

Appalaches

Sierra Nevada

OCÉAN ATLANTIQUE

AMÉRIQUE DU SUD

Andes

Montagnes célèbres

1 McKinley
6 194 m

2 Logan
5 951 m

3 Whitney
4 418 m

4 Popocatépetl
5 452 m

5 Cotopaxi
5 897 m

6 Aconcagua
6 959 m

7 Kilimandja
5 895 m

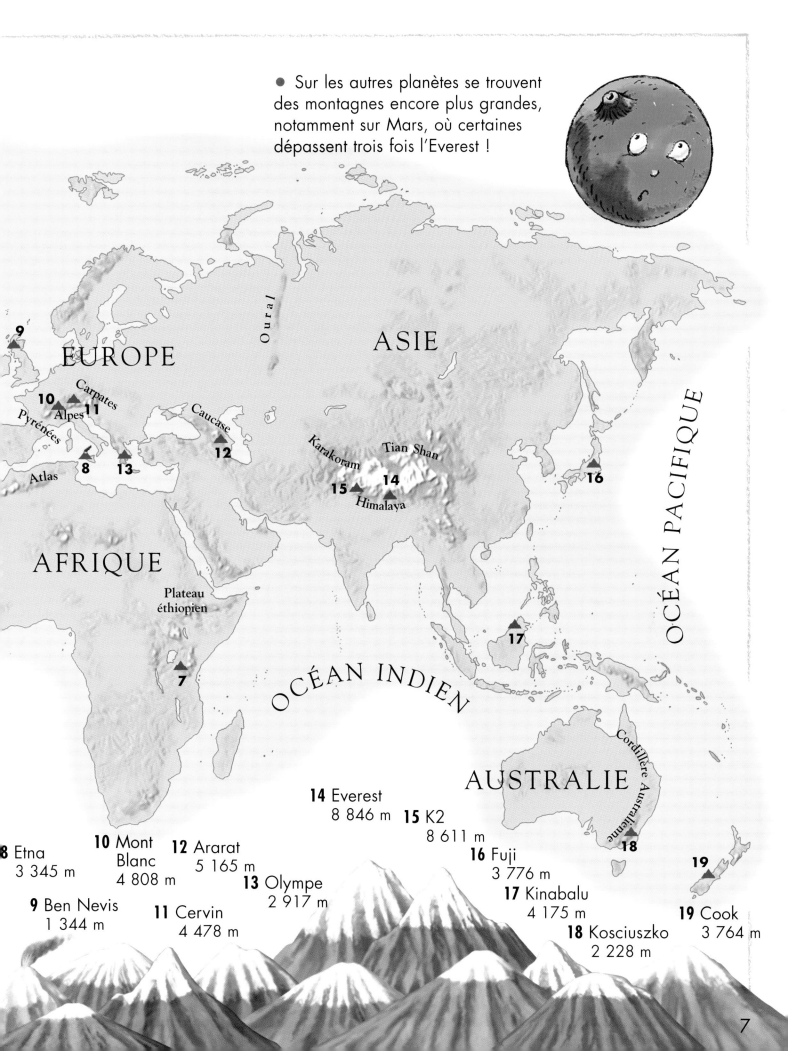

Sur les autres planètes se trouvent des montagnes encore plus grandes, notamment sur Mars, où certaines dépassent trois fois l'Everest !

Oural

EUROPE

ASIE

Carpates

10 Alpes **11**

Pyrénées

Caucase

9

12

Karakoram

Tian Shan

Atlas

8 **13**

15 **14**

Himalaya

16

AFRIQUE

OCÉAN PACIFIQUE

Plateau éthiopien

17

7

OCÉAN INDIEN

Cordillère Australienne

AUSTRALIE

14 Everest
8 846 m

15 K2
8 611 m

18

10 Mont Blanc
4 808 m

12 Ararat
5 165 m

16 Fuji
3 776 m

19

8 Etna
3 345 m

13 Olympe
2 917 m

17 Kinabalu
4 175 m

9 Ben Nevis
1 344 m

11 Cervin
4 478 m

18 Kosciuszko
2 228 m

19 Cook
3 764 m

Les montagnes bougent-elles ?

Oui, la Terre est comme
une orange géante
avec une grosse écorce
qui porte les océans,
les continents et donc
les montagnes. Sous l'écorce
se trouve une couche de roches :
le manteau. Au centre, le noyau est très
chaud et rempli de fer. Craquelée, l'écorce est séparée
en huit gros morceaux qui bougent : les plaques.

Écorce

Manteau

Noyau

● Les plaques qui portent l'Europe
et l'Amérique du Nord s'écartent
de 4 centimètres par an.

Comment se forment les montagnes ?

C'est le lent mouvement des plaques
les unes par rapport aux autres qui
crée les montagnes. Lorsque deux
plaques se rentrent dedans ou si l'une
passe sous l'autre, la croûte peut se casser
ou se plisser pour former les montagnes.

● D'autres montagnes
sont produites par des couches
de lave empilée. Au Mexique,
le volcan Paricutín est né
en 1943 et a grandi
de 300 mètres dès
la première année !

Pourquoi ont-elles des formes différentes ?

C'est l'effet de l'érosion : au fur et à mesure que la montagne s'élève, celle-ci est sculptée en même temps par les glaciers, le vent, la pluie, la grêle ou les torrents.

● Le vent, en soufflant, emporte de minuscules grains de sable qui usent les roches.

● Une montagne peut être soulevée par cassure de la roche.

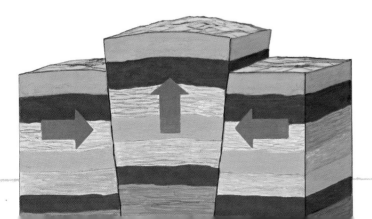

● Une montagne peut être plissée comme un tissu.

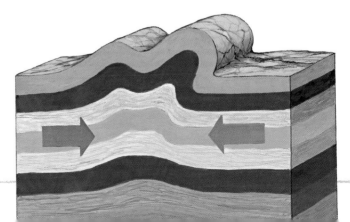

Qu'est-ce qu'une éruption volcanique ?

La cheminée du volcan communique avec le manteau terrestre où se trouvent du gaz et des roches liquides extrêmement chaudes appelées magma. Plus léger que les roches dures, le magma monte dans la cheminée, creuse son chemin et fait sauter le bouchon de la cheminée lors de l'éruption.

● C'est un peu la même chose qui se passe lorsqu'on agite une bouteille de boisson gazeuse avant de l'ouvrir.

● Le magma qui s'écoule du volcan s'appelle la lave.

● Les Romains croyaient qu'un dieu du Feu vivait dans les volcans de la côte italienne. Ils appelèrent ce dieu Vulcain, d'où plus tard le nom de volcan.

Les volcans sont-ils tous dangereux ?

Non. Il existe environ 500 volcans actifs dans le monde, qui fument ou entrent souvent en éruption. Il faut se méfier d'un volcan endormi : il reste au repos pendant plusieurs années mais peut soudainement exploser. Beaucoup dans le monde sont éteints depuis des milliers d'années.

● Parfois de la lave jaillit d'un petit cratère sur le côté du volcan, appelé cratère secondaire.

Quelle a été la plus puissante éruption observée ?

En 1883, en Indonésie, la destruction de l'île de Krakatoa par son volcan fit un tel vacarme qu'on l'entendit à des milliers de kilomètres de là, aux Philippines et jusqu'en Australie.

Des montagnes peuvent-elles surgir de la mer ?

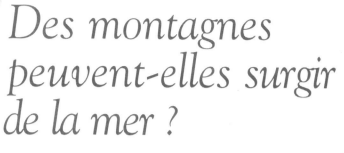

Oui. Il y a de nombreux volcans sous-marins. À chaque éruption, la lave s'accumule. Quand le volcan émerge, il forme une île.

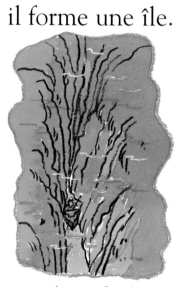

● La plus profonde vallée sous-marine est le fossé des Mariannes, dans l'océan Pacifique qui atteint 11 000 mètres de profondeur !

● La plus longue chaîne de montagnes du monde est presque entièrement sous-marine et s'appelle la dorsale médio-atlantique. Elle s'étire sur environ 16 000 kilomètres depuis l'Islande, jusqu'en Antarctique.

Dorsale médio-atlantique

AMÉRIQUE DU NORD

EUROPE

AFRIQUE

AMÉRIQUE DU SUD

OCÉAN ATLANTIQUE

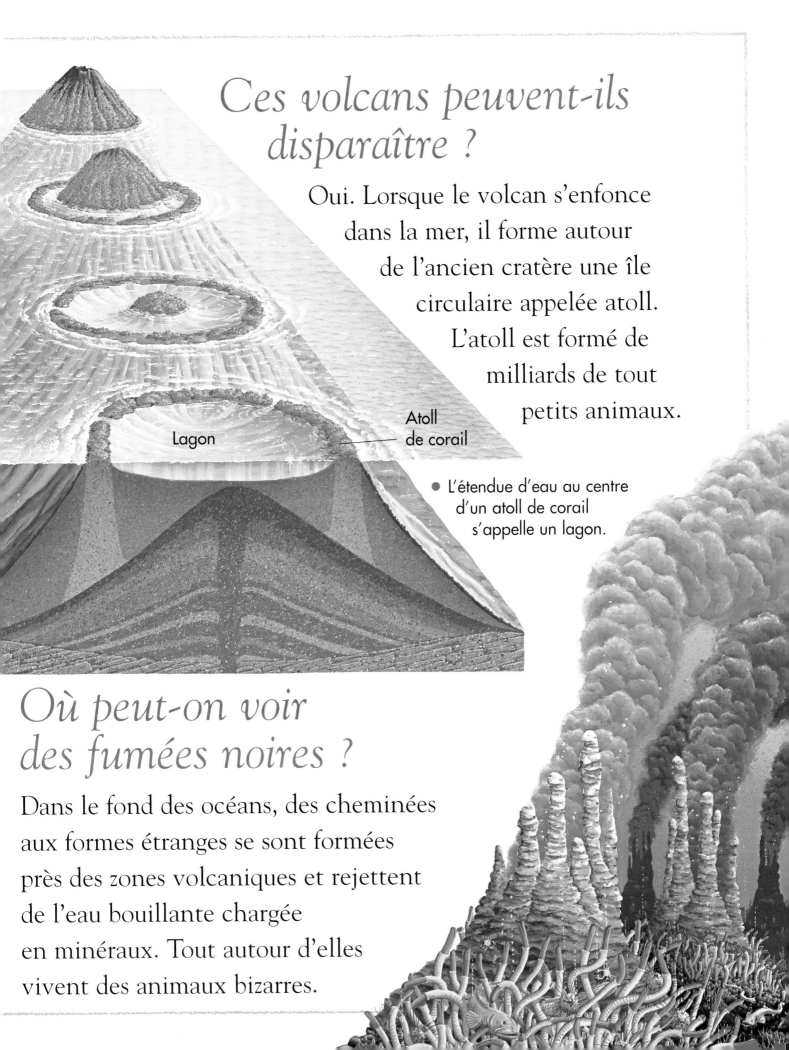

Ces volcans peuvent-ils disparaître ?

Oui. Lorsque le volcan s'enfonce
dans la mer, il forme autour
de l'ancien cratère une île
circulaire appelée atoll.
L'atoll est formé de
milliards de tout
petits animaux.

Lagon

Atoll
de corail

● L'étendue d'eau au centre
d'un atoll de corail
s'appelle un lagon.

Où peut-on voir
des fumées noires ?

Dans le fond des océans, des cheminées
aux formes étranges se sont formées
près des zones volcaniques et rejettent
de l'eau bouillante chargée
en minéraux. Tout autour d'elles
vivent des animaux bizarres.

Pourquoi y a-t-il de la neige sur les sommets ?

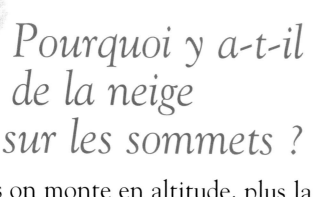

Plus on monte en altitude, plus la température est basse. En montagne, il neige donc plus souvent qu'en plaine et, sur les plus hauts sommets, la neige ne fond jamais totalement, même en été : ce sont les neiges éternelles.

● Plus on monte en altitude, plus le vent souffle. À certains endroits de l'Himalaya, des vents soufflent à 300 kilomètres à l'heure.

● Chaque fois que l'on s'élève de 150 mètres la température baisse de 1°C en moyenne.

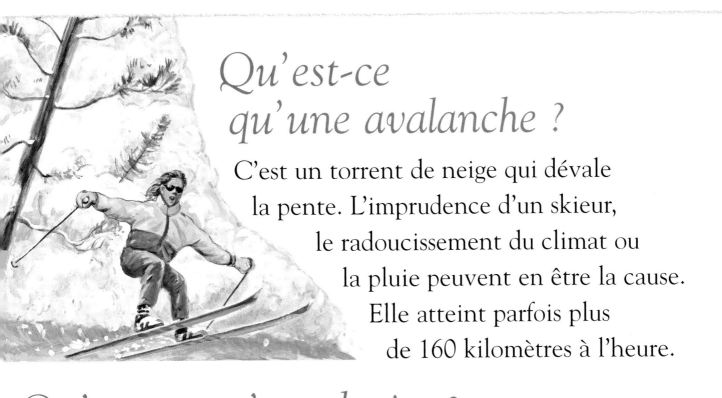

Qu'est-ce qu'une avalanche ?

C'est un torrent de neige qui dévale
la pente. L'imprudence d'un skieur,
le radoucissement du climat ou
la pluie peuvent en être la cause.
Elle atteint parfois plus
de 160 kilomètres à l'heure.

Qu'est-ce qu'un glacier ?

C'est un long fleuve de glace qui coule
très lentement vers le bas. Il arrache
des bouts de montagne qu'il transporte
avec lui et qu'il rejette soit devant
lui, soit sur les côtés pour former
ce qu'on appelle une moraine.

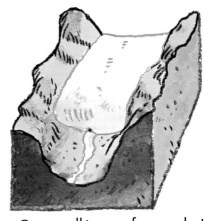

● Cette vallée, en forme de U,
a été creusée par un glacier.
Les rivières creusent des vallées
en forme de V.

Glacier

Y a-t-il des plantes en altitude ?

Les plantes pour vivre ont besoin d'eau, de soleil et de terre pour enfoncer leurs racines. Celles qui prospèrent en altitude ont trouvé des astuces pour s'adapter au vent, au froid et à la rareté de la terre.

● Sur les pentes raides, la roche est nue. L'eau qui ruisselle, la neige en fondant et le vent ont balayé la terre qui a glissé plus bas !

Les plantes se ressemblent-elles ?

Non, elles sont très variées. En escaladant une montagne, on passe d'un étage de végétation à l'autre ; à la même altitude, le climat change, si on est proche des pôles ou de l'équateur.

● Dans les montagnes Rocheuses, en Californie, à 3 000 mètres vivent les plus vieux arbres du monde, des pins hérissés qui ont fêté 4 700 printemps !

Comment les plantes s'adaptent-elles ?

Pour résister au froid, l'edelweiss est couvert d'une chaude toison de feuilles poilues.
Les fleurs bleues de la gentiane de Koch, très sombres, retiennent la chaleur du soleil, d'autres encore ont des racines très longues pour s'ancrer au sol.

● Quand elles ne fondent pas, la glace ou la neige ne peuvent abreuver les plantes.

● Les arbres les plus résistants à l'altitude sont les conifères comme les pins, les sapins, les cèdres, les épicéas ou les mélèzes.

Quelle plante fait fondre la neige ?

Comme d'autres plantes, le perce-neige se cache dans le sol pendant l'hiver. Dès les beaux jours, les nouvelles pousses apparaissent et dégagent assez de chaleur pour faire fondre la neige.

Quels animaux vivent en altitude ?

Vivre près des sommets est difficile pour les animaux. Ceux qui y parviennent comme le chamois, le bouquetin ou la marmotte ont une fourrure très efficace contre le froid et sont d'habiles grimpeurs.

● Les sabots du chamois forment deux petites ventouses qui se collent aux rochers et l'empêchent de glisser.

Quel mammifère vit le plus haut ?

Le yack, au corps massif, à la longue toison soyeuse, vit au Tibet et monte à plus de 6 000 mètres chercher sa nourriture.

À quelle altitude nichent les oiseaux ?

Des oiseaux survolent les sommets, mais peu s'y installent. Celui qui niche le plus haut, à 7 000 mètres d'altitude, est le chocard.

• Le condor des Andes, en Amérique du Sud, est le plus grand rapace du monde : ailes ouvertes, il atteint la longueur d'une voiture !

Y a-t-il des animaux secouristes ?

Oui. Le saint-bernard est un très gros chien fort et courageux, connu pour sauver les gens égarés en montagne. Les premiers ont été dressés au XVIIe siècle par des moines vivant dans les Alpes, au col du Grand-Saint-Bernard.

• Dans l'Himalaya, on raconte l'histoire du yéti, un « abominable homme des neiges » : mais personne ne l'a jamais rencontré...

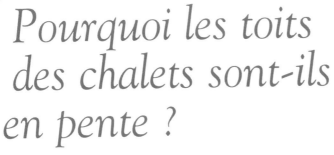

Pourquoi les toits des chalets sont-ils en pente ?

Une trop forte quantité de neige sur un toit peut le briser. Avec un toit pentu, la neige coule sous l'effet de son propre poids comme le ferait une avalanche. Mais attention à ne pas garer sa voiture en dessous du toit !

Qu'est-ce que des champs en terrasse ?

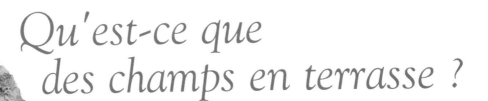

Dans toutes les montagnes du monde, les agriculteurs ont construit des murets pour empêcher la terre de glisser. Cela forme de petits champs à peu près plats, comme des marches d'escaliers.

- Il n'y a plus d'arbres à l'altitude du lac Titicaca, c'est pourquoi les hommes utilisent le jonc pour construire maisons et bateaux.

- Les montagnards vivent parfois dans un habitat troglodytique : grottes aménagées ou creusées dans la paroi rocheuse. En Turquie, des demeures sont creusées dans des cheminées de roche volcanique.

Quel est le plus haut lac du monde ?

À 3 812 mètres d'altitude, le lac Titicaca situé en Amérique du Sud, à la frontière entre le Pérou et la Bolivie, est le plus haut lac navigable du monde. Les habitants vivent sur des îles et pêchent dans le lac.

- Un barrage est un haut mur construit entre deux montagnes, qui retient l'eau d'une rivière. Derrière le mur se forme un lac. En laissant passer un peu d'eau par le barrage, on peut fabriquer de l'électricité.

Qui étaient les Incas ?

Au XVe siècle, les Incas régnaient sur une grande partie de la cordillère des Andes, en Amérique du Sud. Ils dallèrent des routes, bâtirent des villes en pierre taillée, comme Cuzco situé à 3 400 mètres d'altitude.

● Les Incas ont été vaincus par les envahisseurs espagnols au XVIe siècle. Beaucoup plus tard, en 1911, l'explorateur Hiram Bingham découvrit à 2 000 mètres d'altitude la ville inca de Machu Picchu, abandonnée depuis plus de 400 ans !

Qui vit sur le mont Athos ?

Situé en Grèce, le mont Athos est une presqu'île montagneuse. Autrefois y vivaient 30 000 moines, aujourd'hui 1 000, répartis dans une vingtaine de monastères.

Quelle est la ville la plus haute ?

Le Potala, « palais-montagne », domine la ville tibétaine de Lhassa, située à 3 600 mètres d'altitude. Mais la plus haute capitale du monde est La Paz, en Bolivie, située autour de 3 700 mètres.

● Au Tibet, même le fond des vallées est plus haut que la plupart des sommets du reste du monde !

● Les femmes et les animaux femelles n'ont pas le droit de visiter le mont Athos.

Qui étaient les trappeurs ?

Au XIXᵉ siècle, des chasseurs d'Amérique du Nord comme Davy Crockett parcouraient les montagnes sauvages et enneigées à la recherche de castors, ours et autres animaux à fourrure, chaussés de raquettes.

Qui fut le premier alpiniste ?

Parmi tous les hommes qui ont parcouru ou escaladé les montagnes, nous connaissons seulement ceux dont les aventures ont été écrites. L'une des premières ascensions rapportées eut lieu il y a 13 siècles, en 633, quand le moine japonais, En no Shokaku, parvint au sommet du mont Fuji.

● Un siècle avant Jésus-Christ, un soldat romain à la recherche d'escargots escalada une falaise et découvrit par hasard un sentier que l'armée romaine put emprunter pour attaquer l'ennemi par surprise.

Quand eut lieu la première ascension du mont Everest ?

Après l'échec répété des expéditions précédentes, le Néo-Zélandais Edmund Hillary et le Népalais Tenzing Norgay ont été les premiers à parvenir au sommet de l'Everest, en 1953.

Comment fait-on de l'escalade ?

Les alpinistes utilisent un équipement spécial pour les protéger en cas de chute. Ils sont reliés les uns aux autres par une corde et un harnais appelé baudrier. Lorsqu'ils grimpent, ils passent la corde dans des anneaux, appelés mousquetons, qu'ils accrochent à des pitons ou à des broches en fer fixés dans la paroi.

● Pour marcher sur la neige ou sur la glace, les alpinistes rajoutent à leurs chaussures des pointes en métal appelées crampons qui les empêchent de glisser.

● La première femme qui a gravi l'Everest est la Japonaise Junko Tabei, en 1975.

Peut-on surfer sur la neige ?

Oui, avec un snowboard. C'est une planche spéciale qui ressemble en plus gros à une planche de skateboard, mais sans les roues. Les premiers snowboards sont apparus dans les années 60.

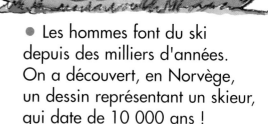

● Les hommes font du ski depuis des milliers d'années. On a découvert, en Norvège, un dessin représentant un skieur, qui date de 10 000 ans !

● les passionnés des sports de glisse ne s'arrêtent pas avec le printemps et la fonte des neiges : ils changent tout simplement de planche !

● Le bobsleigh est un peu la formule 1 des sports de glace. Avec sa carrosserie, son volant et ses patins aiguisés, il peut dévaler des pentes de glace aménagées spécialement pour lui à plus de 150 kilomètres à l'heure.

À quelle vitesse peut-on aller avec des skis ?

Les champions de ski ou de snowboard peuvent aller à plus de 200 kilomètres à l'heure. Sur une piste très raide, un skieur est déjà allé à presque 250 kilomètres à l'heure !

Peut-on faire du vélo en montagne ?

Oui, avec des bicyclettes spéciales équipées de grosses roues crantées et de pignons permettant de pédaler sur les pentes les plus raides. Mais, quand c'est trop dur, il faut porter son vélo sur les épaules !

Quel est le plus long tunnel de montagne ?

Le plus long tunnel de montagne du monde est le Simplon, inauguré le 1ᵉʳ juin 1906. Il mesure 20 kilomètres de long et relie le canton du Valais en Suisse au Piémont en Italie. C'est un tunnel à la fois routier et ferroviaire.

● Il y a 2 000 ans, un général d'Afrique du Nord appelé Hannibal conduisit son armée et quarante éléphants à travers les Alpes pour aller attaquer Rome.

Où circule le plus haut train du monde ?

Au Pérou dans les Andes, le train entre Lima et Huancayo monte à plus de 4 800 mètres, sur plus de 170 kilomètres, suivant et traversant le rio Mantaro.

● Pour gravir des pentes raides, les trains à crémaillère s'accrochent à un rail supplémentaire situé au milieu des deux rails habituels. Cranté, il empêche le train de tomber.

Quel est le train le plus vertigineux ?

Du chemin de fer de Katoomba, dans les montagnes Bleues, en Australie, la vue est fantastique, mais il ne faut pas avoir le vertige, car le train descend de 415 mètres en moins de deux minutes !

● En Amérique du Sud se trouve le plus long téléphérique du monde. Il parcourt la cordillère de Mérida depuis Caracas, capitale du Venezuéla, jusqu'à Mérida, sur 12 kilomètres de long.

Où se trouve le plus gros rocher ?

Le plus gros rocher isolé, situé dans le désert central d'Australie, est appelé Uluru par les aborigènes, ce qui veut dire « gros caillou ». En grès rouge, il est visible de loin, car il se dresse tout seul à 348 mètres au-dessus de la plaine et mesure presque 9 kilomètres de périmètre.

● Au coucher et au lever du soleil, Uluru devient tout rouge. Par temps nuageux, il prend la forme d'un gros éléphant endormi.

Pourquoi escalader le mont Fuji ?

Le mont Fuji, point culminant du Japon, est un volcan célèbre, haut de 3 776 mètres. Plus d'un demi-million de personnes l'escaladent chaque année, car c'est un lieu sacré pour les Japonais.

● Les Grecs anciens croyaient que Zeus, le roi de leurs dieux, vivait dans un palais scintillant au sommet du mont Olympe, le point culminant de la Grèce.

Y a-t-il des sommets tout plats ?

En Afrique du Sud, près de la ville du Cap, se trouve la montagne de la Table, appelée ainsi pour sa forme. Elle est souvent surmontée par des nuages que les gens de la région appellent « la nappe ».

● Le point culminant de l'Afrique est le volcan du Kilimandjaro, à 5 895 mètres. Son sommet est toujours coiffé de neige, bien qu'il soit situé dans une région chaude, proche de l'équateur.

Index